Toute reproduction, même partielle, de cet ouvrage
est formellement interdite sans l'accord de l'auteur,
dans quelque forme que ce soit.
Tous droits réservés pour tous pays.
Dépôt légal : novembre 2010
réédition : janvier 2016
ISBN : 978-2-81062-755-4
Éditeur : BoD - Books on Demand
12/14 rond-point des Champs-Élysées - 75008 Paris - France

Jacqueline Rozé

Le Ressac de la Loire

Recueil de poésies

Du même auteur :

Les marches de la sagesse - 2006, Les 2 Encres - 2015, BoD
La mal venue - 2006, Les 2 Encres - 2016, BoD
L'ingénue des Folies Siffait - 2009, Les 2 Encres - 2016, BoD
Marchands de mort - 2010, Les 2 Encres - 2016, BoD
Adieu primevères et coquelicots - 2010, Les 2 Encres - 2016, BoD
Le Ressac de la Loire (poésies) - 2011, Les 2 Encres - 2016, BoD
Le manoir de la douleur - 2011, Les 2 Encres - 2016, BoD
Les Sourires d'inconnus - 2012, Les 2 Encres - 2016, BoD
Le leurre d'une vie - 2013, Les 2 Encres - 2016, BoD
Moi, Titi, chat-guérisseur - 2015, Les 2 Encres - 2015, BoD

Index

La Loire
- 9   Loire, mon amie
- 10   Les Suppliciés de 1793
- 11   Poète
- 12   Petit ruisseau
- 13   Dame Loire
- 14   Par les chemins de halage
- 15   Le vagabondage amnésique
- 16   La Délaissée
- 17   Voie royale
- 18   Nantes, la Belle

Clairvoyance
- 21   Le vieillard et l'enfant
- 22   Nostalgie
- 23   La Vie
- 24   L'âge
- 25   Partir
- 26   Sois fier
- 27   Nous deux
- 28   Jacqueline
- 29   Te reverrai-je ?
- 30   Vivre
- 31   Une ombre, un sourire

Animalitiés
- 35   Joli chaton
- 36   Sumo
- 37   L'araignée
- 38   Mon amie
- 39   L'oiseau
- 40   Deux petits vers
- 41   Les grenouilles
- 42   Le ver luisant

Émois
- 45   Feuille d'automne
- 46   L'Hiver
- 47   Rêverie
- 48   Deux petits mots
- 50   La Nuit
- 51   Dans un jardin
- 52   Le temps
- 53   L'Absent
- 54   Fragilité
- 55   Marcel
- 56   L'enfant
- 57   Hervé
- 68   Lui
- 69   La petite chapelle
- 60   Solitude
- 61   Ne pleurez pas
- 62   Seule
- 63   Désespoir
- 64   D'un peuple à l'autre
- 65   Où es-tu ?
- 66   Je ne peux pardonner
- 67   Le Calvaire de Clermont

Naissance
- 71   D'un monde l'autre
- 72   L'embryon
- 73   J'arrive
- 74   Petit enfant

Espoirs
- 77   Choisir
- 78   Poète
- 79   Pauvre Monde
- 80   Blessé de la montagne

Musique
- 83   L'espérance
- 84   Le rêve
- 85   Est-il encore temps ?
- 86   Un soir, une musique

La Loire

Loire, mon amie

Oh, combien de fois t'ai-je pleurée !
Tu es et demeures dans mes veines
Tu seras toujours ma confidente
Ma compagne et ma souveraine

Toi, resplendissante de couleurs,
Tu portes mes souvenirs, ma mémoire
De mes espoirs déçus, quel leurre,
Ne sois pas le fade grimoire !

Je t'ai retrouvée, ma Bien-aimée
Vois, nous nous ressemblons
Nos colères nous ont désarmées
Au détour de chemins hasardeux

Loire au long cours, près de toi
J'ai retrouvé la sérénité
À Nantes, partout je te côtoie
Si longtemps je t'avais oubliée

Les Suppliciés de 1793

Tandis que le soleil au zénith s'élève
Les condamnés serrés sous la trappe
Espèrent encore qu'on la soulève
Et que par les pieds on les attrape

Allongés sur le fond humide, mains liées
Yeux bandés, le fer aux chevilles
Pour les sauver, il n'est point de famille
Leur vaillance est leur seule alliée

Au canal Saint Félix, les bourreaux
En chantant actionnent l'écluse
La barge glisse et la mort bientôt
Oeuvrera sous la Loire confuse

Fleuve, tu seras leur sépulture
Ils t'ont choisi pour dernière demeure
Noble et vif tu épousas Dame Nature
Aujourd'hui, sois témoin de leur honneur

Poète

Poète, à quoi penses-tu ?
Ne pars pas à la dérive
Reste dans le ton convenu
Ne passe pas sur l'autre rive

Poète, oh, écoute-moi !
Le ciel est couvert d'étoiles
Je l'admire avec émoi
Ne le couvre pas d'un voile

Poète, viens, réveille-toi
La Loire, ma muse, ma providence
Ce soir chante pour moi
Ses brumes éveillent mes sens

Petit ruisseau

C'est donc toi qui viens de tout là-haut
Avant de faire un très long voyage
Tu prends force dans les roches et les cahots
Qui comblent ces gorges de si grand âge

Elle a une âme, cette Loire
Élevée et grossie par ses affluents
Aux hérons elle sert chaque jour de miroir
Quand s'enflamme aux cieux le soleil levant

Qu'il m'est doux, par les beaux jours d'été,
D'entendre la barque glisser sur l'onde
Je m'assieds sous les saules argentés
Dans le courant, les sandres font la ronde

Dame Loire

Je regarde plonger dans les eaux
Les sternes qui viennent chercher pâture
En ces lieux croissent peu de roseaux
Il n'y a point de place pour leur ramure

Savez-vous l'aimer, cette Loire
Si belle quand elle frémit le soir
C'est sous la Lune qu'il faut la voir
Quand l'astre vient lui dire bonsoir

Quand il lui prend des coups de colère
Elle fait mine de vouloir quitter le lit
Et que fait l'amante qui erre la nuit
Hors la couchée il n'est point de fruit

Ami, connais-tu ces rivages
Le saule qui ondoie, le héron qui repose
Les lents tourbillons, ces versants sauvages
Où les marcheurs ne vont car ils n'osent

La Loire a descendu son long chemin
Et recueilli sur ses rives mes pensées amères
Bientôt dans une heure un jour de mai
Elle quittera son cours pour la mer
Avec mes espoirs déçus

Par les chemins de halage

Par les chemins de halage
Les chevaux tiraient la barge
Tout cela est d'un autre âge

Dans le vent sous la pluie ils halaient
Bien souvent le licol les blessait
À bord le marinier s'en moquait

Ils remontaient jusqu'au bout du bout
Le long fleuve aux rivages si doux
Et bien sûr devaient rester debout

Où sont-ils ces compagnons d'antan
Qui donc se soucie de Tambour Battant
La machine ou l'humain d'avant ?

Cours, oh, mon fleuve mirifique !
Vers la mer Atlantique
Sans respect pour l'homme inique

Le vagabondage amnésique

Tout au long de son parcours, elle prend son aise
À travers les vallons et les prés, elle court et se faufile
Cette vagabonde, cette fille de la campagne nantaise
S'offre sans partage au val fleuri parsemé d'îles

Indolente Loire dont la couche est encombrée
Elle impose aux monts d'Arrée sa fantaisie
Et malgré les roches, les sables et les nasses empierrées
On ne trouve sur ses rives qu'enchantement et poésie

Elle arrose et dessert dans le creux des vallées
Villages, monastères, manoirs et retables
Sous leur riche parure de vignobles hâlés
Pour le fragile esquif elle se rend volontiers navigable

Le souffle du passé qu'incarnent les ruines en surplomb
Châteaux honteux derrière leurs vacillantes tours
Est avivé dans ses flots sombres par la présence au fond
De tous ceux qui s'y sont noyés sans retour

La Délaissée

Qui peut penser quand on la voit tout l'été
Solitaire et sombre couverte d'infâmes pollutions
Qu'elle fut un chemin grouillant d'activités
En dépit des bancs de sable et des tourbillons

Certes, il lui prend des colères et elle monte en crue
Ses ressacs emportent tout au passage
De jeunes arbres, une loutre, un veau éperdu
Et soudain, le soleil de printemps la rend sage

Croyez-vous qu'on puisse oublier son passé
Gabarres, chalands et futreaux toutes voiles au vent ?
Qui osera lui reprocher de n'avoir pas assez travaillé
Vin, sel et blés, que n'ont-ils porté ses courants ?

Elle est à vous maintenant, peintres solitaires
Sur ses rives ne viennent plus chanter les enfants
Loire seule et déserte, tout change sur cette terre
Mère des hommes, qui songe à toi dorénavant ?

Voie royale

Qui n'a pas vu tes eaux à l'aurore
Quand le soleil s'extrait des brumes délétères
Celui-là qui fuit le poète qui pérore
De toutes beautés, Fleuve, tu es le magistère

Loire magnifique, solitaire et victorieuse
Tu déploies ton ruban entre les châteaux
Bien souvent l'hiver te montre tumultueuse
Mais pour leur vin, toujours respecte les coteaux

Le chatoiement des eaux quand, au coucher de l'astre,
Les rayons se font sur l'onde or et argent
Compense de tes colères les nombreux désastres
Puisqu'il le faut pour toi, je me fais indulgent

Nantes, la Belle

Vous qui passez par Nantes
N'oubliez pas d'entrer dans ses rues
Pour y voir des maisons charmantes
Que les maçons ont secourues

Et quelle découverte
La cathédrale et son passé
Les jardins aux pelouses vertes
Qu'on admire sans se lasser

N'oubliez pas d'emprunter les ponts
Vous y verrez notre Loire
C'est vrai, j'en réponds
Nous en faisons notre gloire

Le bourreau est tombé dans l'oubli
Et les douves du château ducal aussi
Emportant leurs secrets, c'est bien ainsi
Pauvres condamnés morts ici

Vous aimerez cette ville
Que la guerre a tant blessée
La Loire et ses îles
Que l'on ne peut aborder

Clairvoyance

Le vieillard et l'enfant

Dis-moi, vieillard, qui regardes-tu ?
Tristement, tu secoues la tête
Tes yeux sont ceux d'un chien battu
Tu ne connais donc pas la fête

Je ne vois qu'un monde dur et affreux
Qui n'est qu'hypocrisie et chimères
Pas un regard pour les malheureux
Qui n'ont droit qu'aux larmes amères

Un enfant vient de passer près de moi
Il a dit à haute voix : qu'il est laid !
On lui répondit regard baissé sans émoi
Laisse donc, ce n'est qu'un drôle !

Comme moi, l'enfant sera aussi de triste vêture
Dis-lui, ma jolie, de me sourire
Il verra dans mon regard une flamme luire
Et n'aura plus à cœur ses maudites injures.

Nostalgie

Nostalgie de mon enfance
J'ai tant manqué de tendresse !
Vivre encore dans cette souffrance
Telle est aujourd'hui ma détresse

Par-delà les ruines de ma vie
J'ai puisé en moi la force
Maintenant j'ai une autre envie
Je veux que mon âme se renforce

Bientôt viendra la mort
Dans la pureté de l'esprit
Et la sagesse sans remords
Oui, j'aurai enfin appris !

La Vie

Elle vient, elle fuit, elle part
Elle nous glisse entre les doigts
Sans nous laisser notre part
De tout ce qu'elle nous doit

Comme le joue ce si long fleuve
Qui coule et se déroule en tourbillons
Et parfois même plonge dans les siphons
Ainsi dans le pétale s'enivre le papillon

Elle vient de l'infini
De là où est la source de toute vie
Mais tout ici n'est pas pour elle fini
Demain, un jour, elle me laissera à son ennemie

Je veux la protéger et me sauvegarder
Je veux l'épargner et me consoler
Qu'ici bas avec moi elle devienne âgée
Oh, je ne vais pas la dédaigner

L'âge

Quand on vient d'avoir vingt ans
Tout bien sûr paraît merveilleux
On ne voit pas passer les ans
L'amour au présent se vit dans les yeux

Quand on a quarante ans
On est peut-être un peu plus fou
Ils passent trop vite les ans
On veut plus que les frous-frous

Lorsque surviennent les soixante ans
On passe sur le versant infléchi
L'amour ne peut plus être comme avant
Car du tréfonds une autre vie surgit

Ainsi est le tragique destin
De l'homme aux amours mortelles
En son âme il se voudrait chagrin
Alors qu'il n'est que morte chandelle

Partir

Voici le vent qui fait plier le roseau
Voici l'automne qui sort ses couleurs
Voici l'hiver qui fait fuir les oiseaux
Dis, mon âme, est-il l'heure ?

Par les chemins passés
J'ai erré, j'ai aimé, j'ai souffert
Vois ma peine est effacée
Et dehors règne le froid de l'hiver

Alors mon âme, quand partons-nous
Vers des horizons meilleurs ?
Je t'en prie, viens, montons
Il fera bien plus chaud ailleurs

Sois fier

Dans la rosée du jardin et le thym
Tu es passé sur l'autre rive
Tu es parti un beau matin
Nous laissant tous à la dérive

Tu t'es élevé dans les cieux
Pour y trouver la vraie splendeur
Avec un repos silencieux
Puisque c'était enfin ton heure

Près de toi j'aimais courir
Dans les prés de notre enfance
Ils retentissent encore de nos rires
Toi, toujours là pour ma défense

Ces jours heureux mais sans gloire
Sont la marque de tes bienfaits
Ils seront toujours ton histoire
Là où tu es, sois satisfait

Nous deux

Je voulais faire le tour du monde
Mais j'avais peine à te laisser
Ne pouvoir te voir une seconde
Mon cœur aussi en eût été blessé

Je suis parti, mais je reste près de toi
Bien sûr une autre vie commence
Oh, je viendrai souvent sous ton toit
Et dans le miroir, tu me reconnaîtras

Rappelle-toi, la mort n'existe pas
Je suis maintenant dans la Lumière
J'y suis heureux, mais je ne t'oublie pas
Alors aimons-nous tous deux comme hier

Jacqueline

Toi qui erres, que fais-tu dans la rue
Attends-tu d'être secourue
Qu'as-tu fait de bon pour être aidée
Toi qui as le pain et la nourriture
Comment peux-tu Me juger
Tu n'as point le cœur à donner
Le désespoir, le connais-tu
Qui vient un soir quand tout est perdu
L'amour, l'honneur et la notoriété

Pardonne-moi, je n'avais pas compris
Je Te tends la main avec émoi
Tes paroles m'ont beaucoup appris

Te reverrai-je ?

Pour toi, que de larmes ont coulé
De mes yeux tu t'étais envolé
Plus un souffle dans ta bouche
Tu es là, raide sur ta couche

J'ai peur et je n'ose m'approcher
Oh, terribles et atroces ces heures
Dans le parc j'ai voulu me cacher
Pour pleurer sur mon très grand malheur

Ton âme a quitté nos rivages
Elle s'est élevée dans la Lumière
Au gré des vents elle vogue dans les nuages
Bientôt elle s'éloignera de notre Terre

Dans toutes les couleurs du ciel
Je te chercherai chaque jour
À moi de te suivre dans l'arc-en-ciel
J'ai l'espoir, mon frère, de te revoir un jour

Vivre

Vivre pour Toi, rien que pour Toi,
Semer la joie dans le monde,
Vivre sous ton ciel, notre toit,
Avec toi, allons dans le monde

Travailler, rire et chanter,
Offrir son cœur aux pauvres êtres
Puisque nous avons la santé
Leur donner un peu de bien-être

Aux petits, tendons-leur la main,
Pour qu'ils entrent dans cette ronde
Afin qu'avec eux demain,
Nous fassions le tour du monde

Une ombre, un sourire

Un sourire aux lèvres, c'est plus joli
Peut-être oui, me direz-vous ceci
Oh, de ce visage sans doute on y lit
Ici joies, bonheur de vivre, aucun souci

Puis tout devient sombre, le regard noir
Sans doute une mauvaise humeur
Un caractère qui voit tout en noir
Et l'on s'éloigne comme d'un fumeur

Mais songez que parfois sous ce sourire
Une peine immense y est cachée
Et que sous ce visage sans rire
Un profond émoi y est accroché

Ne vous fiez jamais aux apparences
Que celui-ci vous donne à chercher
Et vous aurez ainsi l'espérance
D'y découvrir ce qui y est caché

Animalitiés

Joli chaton

Joli chaton, voici que tes yeux se lèvent
Tu fais le dos rond pattes dépliées
Tu exhales maintenant des plaintes brèves
Sais-tu que je t'aime, que tu es mon allié ?

Ton poil si doux me procure du bonheur
Et tu me donnes la force de renaître
Près de moi tu restes des heures
Cependant n'es-tu pas ici le maître ?

Car lorsque tu veux quelque chose
Tu sais bien te faire comprendre
Moi en regardant tes yeux je n'ose
Plus longtemps te faire attendre.

Sumo

Viens, entre, ma porte est ouverte
Dis-moi, que veux-tu ? Regarde-moi
Veux-tu faire seul ta découverte
Mon cœur blasé est en émoi
Tu as rompu ma solitude
N'es-tu point, toi aussi, solitaire ?

Pour aimer, changeons d'attitude
Et montrons-nous moins austères
Tout contre moi, tu veux te blottir
Oui ! Me donner un peu de chaleur
Afin que je puisse vraiment sentir
Que toi aussi, tu aspires au bonheur

Viens, Sumo, mon ami, viens
Ton plat te sera servi chaque jour
Et ne me dis pas ce n'est rien
Quand moi j'y mets tout mon amour

L'araignée

Belle, sous son ire mortelle
Elle tisse sa toile réelle
Cette grande lisseuse
De la mort silencieuse
En ce beau jour de printemps
Elle se dit qu'il est temps
Pour une arachnée aventureuse
De vouloir enfin être heureuse
Cessons de courir sans cesse
Maintenant vivons en déesse
Et préparons notre maison
C'est sa nouvelle raison
Bien sûr c'est sans compter
Avec l'abeille entêtée
Qui en ces lieux fait irruption
Et crie à qui l'entend attention
Ah, ce pauvre moucheron
Sans elle eût été perdu !
Pourquoi moi si laideron ?
Lui dit-il, l'air confondu
La beauté, mon cher petit
Ne compte guère dans la vie
C'est vrai, je te le garantis
Seule l'amitié assure notre survie

Mon amie

Fripounet est triste
Car il a perdu son amie
Elle est partie et cela l'attriste
Il n'était pas son ennemi

Si elle voulait qu'il vienne
Elle aboyait gentiment
Il courait alors quoi qu'il advienne
En miaulant tout doucement

Au pied de l'arbre en fleurs
L'un contre l'autre blottis
Bercés par le merle siffleur
Ils s'aimaient au temps ralenti !

Ou es-tu maintenant, Vénissie
Petite boule frisée ?
Comme tu me manques ici
Mon cœur en est brisé

L'oiseau

Mon Dieu, d'où viens-tu, gentil oiseau
Pour avoir ainsi les ailes brisées
Tu ne peux vivre que dans les roseaux
À te voir ainsi mon cœur s'est embrasé

Dis, pose-toi quelques instants ici
Tu pourras ensuite reprendre ton vol
Sans que tu aies à me dire merci
Je ne veux de toi aucune obole

Viens dans ma main lover ton petit corps
Et que je puisse enfin te soigner
Je veux que là-haut tu montes encore
Et survoler ce pays qui m'a enchantée

De quoi sont faits les beaux mirages
Les plus grands bonheurs un jour s'achèvent
Quand tu seras parti dans les nuages
Que me restera-t-il sinon un rêve

Deux petits vers

Deux petits vers un beau jour
Se rencontrèrent dans une pomme
L'Un dit « Ici est mon séjour »
Et l'Autre « tu me chasses en somme »

« Non, prends l'autre moitié et restes-y
Car je ne veux pas être dérangé par toi
Si tel est ton vœu je m'y tiendrai merci
Je souffrais tant de n'avoir pas de toit »

Dans la douce chaleur de l'été
Ils s'endorment d'un profond sommeil
Nos petits vers bien abrités
Au creux du fruit sans craindre le soleil

Soudain un cri horrible « au secours »
Provient de l'une des moitiés
« Je brûle ! » crie l'Un, « accours ! »
Et l'Autre le prend en pitié

Sur le fruit l'homme verse ses poisons
Et le ver égoïste est pris au piège
L'autre a le cœur et la raison
« Viens à mes côtés, ici je te protège »

Une moitié de pomme sous la feuillée
Suffit jusqu'à septembre aux deux amis
Pour deux il y eut bien assez
À l'Autre on doit toujours sa survie

Les grenouilles

Près d'un ruisseau où l'eau courait
Deux grenouilles vertes dormaient
Non loin de là dans la futaie
Une couleuvre se dit quel mets
Un joyeux pinson passant par là
Sans attendre poussa sa chansonnette
À la cantonade pour dire me voilà
Et il réveilla nos mignonnettes
Elles étaient de bonne humeur
Il faisait beau, un vrai bonheur
Elles quittèrent leur demeure
Tout en remerciant le sonneur
Déçue, la couleuvre médit
Elles s'éveillent au chant de l'oiseau
Même si c'est une mélodie
Le vent aussi chante dans les roseaux
Bel oiseau nous n'avions pas vu
La grande menace qui menaçait
C'est vrai, j'aime votre chant imprévu
Qui monte de la terre quand l'air est frais
Chante, joli pinson, chante dans les cimes
Certes, tu n'es point de notre race
Tu voles et nous plongeons aux abîmes
Mais ton amour nous a sauvées du vorace

Le ver luisant

J'ai vu ce soir un ver luisant
Qui se promenait gentiment
Or, il me parut fort plaisant
Il allait, venait lentement

Mais dis-moi quel est ton secret
De jouir de cette chose
Dis-moi, n'as-tu pas de regret
Car tu es comme la rose

Amie, si je ne vis que peu de temps
Tout ton visage s'illumine
En me regardant, prends ton temps
Je vois tes yeux qui s'animent

Alors, oui, je pourrai finir
Ma vie et ma nuit calmement
Oh, vers un autre avenir
Heureux de ton apaisement

Émois

Feuille d'automne

Je suis la plus belle et la plus jolie
J'apprécie sans modestie mes couleurs
Orange, or, brun, quelle folie !
C'est donc enfin mon heure !

Un enfant vers moi se baisse
De joie je me mets à frémir
Mais dans ses mains, il me froisse
Sans doute parce qu'il m'admire ?

Comme il est doux de se promener
Vois, Maman, toutes ces beautés
Pourquoi personne ne vient les chercher ?
Parce qu'ici à l'aube, tout est bonté !

La feuille que dans ta main tu as cueillie
Ne t'apporte-t-elle pas une embellie ?
Maintenant elle n'a plus d'avenir
Puisqu'elle s'est offerte à ton désir

Vois, mon enfant, la beauté
N'est pas toujours à souhaiter
Cette feuille t'a enchantée
N'avait-elle point de la vanité ?

L'Hiver

À son heure mais sûrement, l'Hiver arrive
Et le sol se couvre d'un tapis craquant
Tandis que les feuilles s'entassent sur la rive
Chaque année ceci n'est qu'un fait marquant

Voici le brouillard quand la nuit s'achève
Le jour pointe son nez au petit matin
Soudain c'est un vent glacial qui se lève
Au cœur de la forêt se terrent les lutins

Ainsi le rude Hiver déclasse l'Automne
Tout mon être aspire à cette saison, à ses froideurs
Les jours n'y sont plus tristes et monotones
Au coin du feu, la maisonnée bruisse de rumeurs

La forêt maintenant se drape du blanc manteau
Le bûcheron a rangé sa cognée
Il la reprendra quand viendra le temps nouveau
L'oiseau s'assoupit au cœur du roncier

Chaque saison nous apporte ses joies et ses rires
Et bouscule nos peines et nos souffrances
Celle de Noël y ajoute l'espérance
Au Printemps qui songe à mourir

Rêverie

La nuit est merveilleuse, apaisante,
Et ce soir, bien adossée à ma fenêtre
Dans cette tranquillité reposante,
Je songe à l'univers et aux êtres

Je suis la majestueuse courbe du ciel
J'admire avec ivresse ces étoiles
Qui scintillent durant tout notre sommeil
Et qui, le matin, se couvrent d'un voile

Oh, beauté sublime et merveilleuse
D'un soir, lorsque le jour se fait plus pâle
Que la nuit comme une amoureuse,
Engloutit tout dans une sorte de râle

Étranges fantômes qui apparaissent
Çà et là dans cette vie si mystérieuse
Veillée par la lune, cette déesse
Qui trône comme une orgueilleuse

Mais la terre tourne toujours sans cesse,
Inexorablement, et le jour levant
Chassera ces beautés que l'on délaisse
Comme les feuilles balayées par le vent

Deux petits mots

Deux petits mots je t'aime
Que l'on prononce souvent
Oui ! Je les dis moi-même
Et ils partent dans le vent

La rose ce matin s'est éclose
L'oiseau hier a fait son nid
Dans la vie chaque chose
Est refaite à l'infini

Deux petits mots je t'aime
Souvent ne sont pas énoncés
Mais ils sont là quand même
Quand les lèvres sont fermées

Dans mon sourire ils se cachent
Et aussi dans ce bouquet de fleurs
Sans que l'autre ne sache
Qu'à mes lèvres ils affleurent

Pourquoi ne les dit-on pas
Oh, mais parce qu'ils font peur !
Et qu'on le veuille ou pas
Ils se maquillent par pudeur

Communion de deux êtres
Dans un silence apaisant
Ils nous font renaître
Jouant de nous comme des aimants

Oh, point de mots « je t'aime »
S'aimer c'est cela même
Dans cet instant merveilleux
Nous sommes là tous les deux
Heureux

La Nuit

Nuit apaisante
Ce soir couchée à même la terre
Dans cette campagne reposante
Je songe aux êtres, à l'univers
Beauté du ciel
Une météorite tombe et des étoiles
Vient une Lumière immatérielle
Que le matin recouvre d'un voile
Étranges fantômes
Au sortir des brumes vie mystérieuse
Veillée par la lune, cette déesse
Des pénates ensorceleuses
Mais la terre tourne sans cesse
Inexorablement le jour levant
Chassera les fées en liesse
Comme feuilles au vent

Dans un jardin

Dans un jardin d'arbres et de fleurs
Une petite fille jouait
Soudain un grondement emplit l'heure
Chacun courut à la roseraie
Oh, cette panique humaine !
La guerre, l'horreur et la détresse
Une mère prit son enfant en peine
Et se couchant sur elle se fit sa forteresse
Sur le sol étendues
Quand la mort planait sur elles
En ce jour d'automne leur vie suspendue
Elles vécurent un instant irréel
Cette rose fleur de sang
Et ce lys fleur de charme
Te diraient tant et tant
D'une vie bien remplie de larmes

Le temps

Un jour passe, la nuit le suit, un autre vient
À l'horizon du sud le printemps pointe son nez
Voici que sur leur couche éphémère
Les violettes et les tendres primevères
Est-ce que tu t'en souviens
Viennent regarnir nos bordures délaissées
Toujours fidèles et courageuses pour chasser l'hiver

Je sais qu'elle souffre, mon âme tremblante
Quand elle s'aventure aux confins mystérieux
De la vie et de ce que fut ma destinée
Ah oui, j'avoue, j'ai été tourmentée
Pas seulement par mes nocturnes épouvantes
Je ne conçois plus rien qui prétende au sérieux
Toi qui étais mon aimé, pourquoi m'as-tu quittée
Mon cœur à jamais solitaire est ensanglanté

L'absent

L'absence, le temps qui s'écoule et passe
Notre profonde amitié toujours là
Mais notre amour vole dans l'espace
Pour se reformer un jour dans l'au-delà

Dans la nuit profonde, je cherche ta voix
Et quand le chagrin m'inonde, je songe
Alors dans ma mémoire, je te revois
Ne pas l'admettre serait un mensonge

Pourtant j'aurais pu marcher près de toi
Poursuivre le rêve que nous avions à deux
Quelle solitude seule sous mon toit
La vie n'est qu'un jeu hasardeux

Fragilité

Il est tout contre moi
Est-ce un rêve ou une réalité Insensée !
Tout mon être en émoi
Plonge au plus profond de ses pensées

Dans sa voix chaude qui console
Je trouve fugitive un peu de mélancolie
Il m'apparaît d'un coup fragile et bien seul
De mon cœur jaillit je ne sais quelle folie

Soudain par la fenêtre une musique
Emplit l'air et caresse son visage
Il hume, il tressaille et son regard pudique
Prend aux sons mélodieux un tout autre âge

Marcel

De son sacrifice extrême
Qu'aurais-je dû comprendre
Voulait-il me dire je t'aime
Son geste à s'y méprendre
N'a-t-il pas été irrationnel

Contre une minute de bonheur
S'est-il dit gloire est éternelle
Elle comprendra à son heure
Pourquoi étais-je sur la défensive
La fleur ne vit qu'une saison

Je n'avais pas de garde contre l'offensive
L'amour n'est plus quand vient la fenaison
J'ai gravi une bien rude montée
Son vœu était-il mon aboutissement
Malgré la mer démontée

Il est vrai que j'ai surmonté mes tourments
Son âme gardera son secret
Son cœur a pris l'aspect du marbre
Sur son visage j'ai lu un regret
Celui de n'avoir pas été roseau, mais arbre

L'enfant

Le vent emporte ma souffrance
Je pleure cet enfant à jamais perdu
Je n'ai plus d'espérance
Il n'est plus, celui que j'ai tant attendu

Je ne verrai pas son sourire
Puisqu'il est parti avant de me venir
Je suis brisée, comment vous dire
Chaque aube me ramène son souvenir

Oui, je te cherche dans le firmament
Où es-tu, Ange retourné vers les étoiles
Sans toi ma vie n'est que ballottement
Sur mes yeux tristes il y a un voile

Chaque soir vers toi volent mes pensées
Tu es venu, tu as pris ma jeunesse
Ton départ à jamais m'a blessée
Oh, pourquoi a-t-il fallu que tu me laisses ?

Hervé

C'est un petit garçon
Il vient d'avoir sept ans
Bien sûr, il est titubant
Et il s'exprime à sa façon

Toujours très déterminé
Il est parti à la bataille
Plus courageux que ses aînés
Il savait qu'il fallait qu'il y aille

Et quand avec lui ils en ont fini
Il lui restait encore un peu à vivre
Debout sur son lit
Combattant son ennemi

Alors il a crié Je veux vivre
Il était soi-disant perdu
Jusqu'au bout il s'est battu
À 22 ans, il est heureux de vivre

Lui

Il comprend déjà, il n'est plus lui
C'est un fantôme à peine vivant
Au fond des yeux une larme luit
Il n'ira plus dans le vent
Dis-moi, à quoi pense-t-il
Sans doute à son futur
Mal à propos est-ce bien subtil
Adieu à la nature
Il ne rêve plus de rien
Il connaît la dégradation
Il vit en galérien
Pourquoi cette condamnation ?
Il tremble de peur et de froid
Qu'elle est longue cette nuit
Qui m'a tant remplie d'effroi
Qu'il fut terrible le dernier bruit
Il fallait que j'écrive
Tu es parti, mon frère
Pour moi c'est la dérive
Tu as tant souffert
Enfin le jour se lève
C'en est un autre, il est bien là
Alors oui, tu te relèves
Et viens vers moi en criant me voilà !

Hélas non ! Demain n'est plus hier.

La petite chapelle

Mille reflets du soleil sur la mer
Qui baigne la belle île enchanteresse
Notre amour n'y fut que chimère
C'est là toute ma détresse

Un soir, dans la lueur du soleil couchant
Nous nous sommes fait le serment
Par de tendres et doux mots touchants
De nous lier et d'attendre patiemment

Je songe encore à ce soir d'été
Vers l'Arctique le lendemain tu es parti
Souvenir gravé pour l'éternité
Mon cœur glacé est anéanti

Te souviens-tu de cette petite chapelle
Au bord de l'eau au bout de la nuit
En m'enlaçant tu as dit demain, je t'appelle
Ta promesse est tombée dans l'oubli

Sans un mot tu es reparti dans le vent
Longtemps pour toi j'ai tenu le serment
Explorateur de l'extrême, tu l'es resté
Moi, je suis le continent inexploré !

Solitude

Oui, j'ai besoin d'être consolée
Oui, j'ai besoin d'être aimée
Et pas seulement prise à la volée
Oui, j'ai soif de tendresse et de caresses
Oh, Maman, vois ma détresse

Oui, j'ai besoin d'amitié
Oui, j'ai besoin d'être appréciée
Et pas seulement un jour d'été
Oui, j'ai soif de bonheur et de senteurs
Oh, Papa, vois mon malheur

Ne pleurez pas

Ne pleurez pas sur ma tombe
Je vous le dis aujourd'hui
Ne fleurissez pas ma tombe
Quand mon cœur d'ici aura fui

L'espoir, l'amour et le bonheur
Se sont éloignés de ma vie à jamais
J'ai tant voulu, mais ce n'était pas l'heure
Il n'est pas venu, celui que j'aimais

Je ne puis cacher mes pleurs
On m'a dit telle est votre destinée
Dans l'attente, ma jeunesse s'est envolée
Je garde le goût amer du malheur

Seule

Le désespoir se nourrit de moi
Mon Dieu, fais que cela s'arrête
Le sang coule de mes plaies béantes
Et rien ne peut les fermer
La terre tourne dans le néant
Comment puis-je espérer
Que de mépris pour cette vie humaine
Qui n'amène que peines et que souffrances
Et chaque jour encore plus de haine
Oui, cela, je le vis depuis ma naissance
Prends-moi dans Tes bras, je T'en supplie
À ce qu'on dit, on y est vraiment heureux
Si Ton paradis n'est pas là-haut, mais ici
Conduis-moi à sa porte, mon Dieu !

Désespoir

Est-ce que Tu m'abandonnes ?
Dis, j'ai tant donné pour Toi
Il faut que tu me pardonnes
Car je ne sais plus faire avec Toi

Je ne suis pas aussi forte
J'ai beaucoup trop souffert
J'ai connu tout de l'enfer
Et personne qui me supporte

J'aurais tant voulu m'accomplir
Et goûter aux joies de l'enfance
Ah, quelques instants seulement les saisir
Enfin, oublier ma souffrance !

Pourquoi faut-il donner toujours ?
Dis, mon Dieu, viens à mon secours
Pour tous, je suis là tous les jours
Dès qu'on m'appelle, j'accours !

Je veux aujourd'hui m'abrutir de musique
J'en ai la rage, ce sera ma joie unique

D'un peuple à l'autre

À la mine, l'enfant travaille
Sa pelle plus grosse que lui
Douze ans, vaille que vaille
Dans ses yeux une larme luit

Dans la rue, un enfant chante
Il a douze ans, il tend la main
Ce n'est que cela l'enchante
Mais il pourra manger demain

Dans la rue, il se promène
Il a douze ans, mains dans les poches
Il sait que ce soir il va dîner
Tout heureux près de ses proches

Soixante ans, il va mourir
Et l'autre a enfin un toit
Soixante ans, c'est la joie, le rire
Injustice, je viens vers toi.

Où es-tu ?

Le vent souffle dans ma tête
Mes pensées s'envolent vers lui
Comme après une fête
Plus rien, que la lune qui luit

Voici que le soleil s'assombrit
Et la montagne se dresse
Je suis là, il est à l'abri
Il me vient cette détresse

La rose perd ses pétales
En laissant des traces de sang
Fin du rêve, c'est fatal
Il est au loin, il est absent

Je ne peux pardonner

Comment peut-on vivre sans remords
Avoir détruit une famille
Souffrances emportées dans leur mort
Mes pensées, sans cesse, fourmillent

J'ai vu des parents souffrir, pleurer
Des enfants livrés à eux-mêmes
Pour l'argent, il ne faut se leurrer
Oh, oui, elle est toujours la même

Dans mes pensées, j'ai voulu la tuer
Ce désir est sans cesse en moi
Pardonner ! Je ne peux m'habituer
Et ainsi s'en vont le temps, les mois

Pourrais-je enfin trouver l'oubli
La souffrance, la nuit et le jour
Elle court dans mon corps affaibli
Me rappelle de la tuer un jour

Le calvaire de Clermont

Tu souviens-tu encore de moi
Quand j'allais sans crainte vers toi
Je te parlais avec émoi
Car je n'avais déjà que toi

J'étais à l'âge où l'on rit
Et sans penser au lendemain
La vie, le bonheur vous sourient
Et l'amour vous prend par la main

J'avais déjà de la peine
De n'avoir point de tendresse
Sans que mon cœur ait de la haine
Malgré toute ma jeunesse

Te souviens-tu encore de moi
Et aussi de ma promesse
Venir chercher un peu de moi
Si ceux que j'aime me délaissent

Une dernière fois dans tes bras
J'entendrai encore ma mère
Oui, crier après moi d'en bas
Ses paroles si amères

Et enfin je m'élancerai
Loin de toute cette terre
À jamais et ne saurait
Que Toi, tu es en PIERRE

Naissance

D'un monde l'autre

La porte devant moi s'est ouverte
Je peux entrer dans ce nouveau monde
Salut, mes parents. Quelle découverte
Que de beautés. Le soleil m'inonde

Après ce long séjour de neuf mois
Où je t'appartenais corps et âme
Nous voici face à face dans l'émoi
Dans tes yeux, je vois ma flamme

Déjà à toi seule je ne suis plus
Merci de m'avoir préparée à la vie
Et toi, Papa, quand comprendras-tu
Tu n'as pas fait de moi ton ennemie

Je viens des mondes mystérieux
Pour que tous les trois nous soyons unis
Pour qu'enfin nous soyons heureux
Et qu'à jamais nos vies soient réussies

L'embryon

Je ne suis rien,
Un souffle seulement, rien
Fruit d'une rencontre
Es-tu résolument contre ?

Je ne suis qu'un enfant qui veut naître
Je me défends d'être un objet
Pourquoi ne serais-je pas un être
Comme ta maman l'a accepté

Maman, garde-moi, j'apporte le bonheur
Peut-être aussi quelques émois
Mais je te le dis, c'est mon heure
Je ne veux pas qu'on me renvoie

Je suis la vie, je veux vivre la vie
J'ai un prénom, c'est plus qu'un nom !
Je viens ici à mon tour faire ma mission
Sans moi, tu n'es que miettes d'oubli

J'arrive

Enfin, je vais vous connaître
L'autre porte s'est refermée
Je ne suis qu'un petit être
Qui n'attend qu'à être aimé

Pardon si je vous dérange
Et si vos nuits sont courtes
Je ne suis qu'un petit ange
Arrivé sur votre route

Oh, qu'il est doux toutes les nuits
D'être dans tes bras, chère maman
Oui, je sais, je vous ennuie
Papa, maman, vous, si aimants

Blottie contre vous, quel bonheur
Plus rien de pourra m'arriver
Heureuse, quelle douce chaleur
Alors ! M'endormir et rêver

Petit enfant

Quand tu es venu, je m'en souviens
Ton cerveau comme dans une prison
Maintenant vers moi, c'est toi qui viens
Et qui entres seul dans ma maison

Petit garçon et jeune race
Oui, tu parleras avec le temps
À qui devras-tu cette grâce ?
Oh, penses-y à chaque printemps

Car tu le devras, d'être ainsi
Non pas à moi, mais à mon maître
C'est à lui que tu dois dire merci
Aller vers lui de tout ton être

Mais quand tu seras devenu grand
Il sera barbe grisonnante
Respecte-le, il est, il fut un grand
Que sa mémoire te soit présente

Que ton aventure soit leçon
Oui, écoute toujours tes maîtres
Même si l'ordre n'est à ta façon
Tends-toi vers eux de tout ton être

Et alors le soleil de demain
T'apportera un apaisement
Car tu suivras ton humble chemin A
vec un certain contentement

Espoirs

Choisir

Si je pouvais vraiment choisir
Alors oui je voudrais partir
Courir les mers tout à loisir
Et une autre vie pour mon plaisir
Reconstruire

Si je pouvais vraiment oublier
J'aurais pour amis les poissons
Le ciel, le soleil et la mer
Je jouerais avec les quatre saisons
À foison

Si je pouvais vraiment aimer
Je choisirais la parure d'une rose thé
Et me donnerais toute à mon Aimé
Mon parfum, ma tendresse et ma beauté
Ensorcelée

Ami

Par hasard, je vins à passer devant votre porte
Ce jour-là mon âme et mon cœur étaient blessés !
J'entrai, car je voulais enfin que l'on m'apporte
Des paroles, des conseils, un sourire, ne plus penser

L'autre se disait mon ami et prétendait me soutenir
Mais il m'a trahie, mes souvenirs a détruit
Il a volé ma confiance, trompé mes désirs
Noirci des feuillets, et m'a toujours menti

Votre main désormais sera mon guide, ami fidèle
Votre savoir et votre bonté traceront mon chemin
La joie d'écrire, votre soutien, tout m'appelle
Désormais ils réchaufferont mes lendemains

Pauvre Monde

Que d'impuretés dans ce monde
Viennent blasphémer le Créateur
Oh, que d'êtres immondes
Sans foi ni loi en sont les auteurs

Que sont devenus les prophètes chantants
Qu'on a pris pour indésirables et illuminés ?
Ils sont partis, ne laissant en ces temps
Que la peine et la souffrance désespérée

Dis-moi, viendra-t-il ce jour enchanteur
Où le nouveau soleil se lèvera d'ailleurs
Sur une terre calme et fertile
Enfin épargnée par les masses imbéciles ?

Blessé de la montagne

Beauté merveilleuse, quelle splendeur !
Le monde... si loin de mes pensées
Oh, je gravis avec ardeur
Tout seul, même si c'est insensé

Mon Dieu, où suis-je ? Le noir, j'ai peur
Je ne bouge plus, et tous ces oiseaux
Ils s'approchent, allons, je meurs
Je voudrais courir dans les roseaux

Oh, tout ce bruit, dis-moi, tu es là ?
J'entends ta voix, puis aussi des chants
Et je suis en retard, me voilà
Je vous prie, je ne suis pas méchant

Le soleil, la lumière, toi, moi
Je suis heureux, ne me quitte pas
Ta présence me met en émoi
Mais marchons tous deux pas à pas

Morbleu ! Je chante dans ma tête
Dis, tu m'y conduiras avec eux ?
Quand j'y retournerai, quelle fête
Viens avec moi, j'en serais si heureux

Je suis tombé dans la montagne,
Désormais tu seras près de moi
Oh, pardonne-moi, Dieu m'épargne
Tu as tant souffert, écoute-moi

Musique

L'espérance

De tes mains fines et légères
Un son mélodieux vient à moi
Il écarte mes pensées amères
Tout mon être tressaille d'émoi

Je pars à la dérive, âme errante
Vers des mondes mystérieux
Misérable, je vole en passante
Les bribes d'un bonheur merveilleux

Musique, tu calmes mes souffrances
Mon cœur jeune, triste, mais aimant
À tes accents cueille l'espérance
Avant de partir vers le firmament

Le rêve

Écoutez-moi, regardez-moi,
Je suis la grande Soprane,
Dites, n'avez-vous point d'émoi ?
Oh, vous êtes donc des ânes !

Oui, j'ai dépassé le maître
Je suis Dieu, ma voix est belle
Et ne vous prends point en traître
Disant ma voix a des ailes

Oh, tu me fais mal, regarde
Tu me réveilles sans façon
Tu oses dire prends garde !
Tes yeux, eux, pensent quelle leçon

Viens près de moi, Titi, mon chat,
Restons simples toute la vie
Ce n'est qu'un rêve, pacha
Des câlins, tu en as envie

Regarde, le soleil est là
Tous les deux, nous sommes heureux
Petit amoureux, te voilà
Point de voix pour être heureux

Est-il encore temps ?

Oui, tu n'as plus vingt ans
Mais pourtant et pourtant
Est-il encore temps
De finir en chantant

Trotte dans sa tête
Tu as trois fois vingt ans
Le chant, c'est la fête
Cela de tous les ans

Et l'oiseau dans son nid
Lui aussi dès le jour
Va crier à l'infini
Chanter la vie, bonjour

Au soir du dernier jour
Alors, un son viendra
Doucement... pour toujours
Puis... tu t'éteindras

Un soir, une musique

Voyons, poète, pourquoi chantes-tu ?
Pour toi l'ombre de la nuit arrive
Dis-moi, serais-tu vraiment si têtu ?
Peut-être cherches-tu à survivre ?

Point d'âge pour la musique, le chant
Qui nous soulagent de nos peines
Et puis, lorsque vient le soleil couchant,
Alors, la nuit s'annonce, sereine

L'oiseau jusqu'à sa fin il chantera
L'amour, ses peines, ses joies, ses espoirs
Et de ses sons, il nous enchantera
Mais, de son âge, nul n'ira le voir

Le vieux rossignol sifflera toujours
Il nous bercera vers nos souvenirs
Et lorsque lui viendra son dernier jour
Une douce mélodie pour finir

Photocomposition
Nathalie Costes Nghien

**DÉPÔT LÉGAL
Novembre 2010
réédition janvier 2016**

Imprimé par Books on Demand GmbH, Nordertedt, Allemagne